1

Name: ______ Datum: ______

Wiederholung – Zahlenraum bis 20

Die Aufgaben waren für mich:

AF694477

1 Ordne die Zahlen nach der Größe.

a) Beginne mit der kleinsten.

12 ~~4~~ 7 10 15

4, ______

b) Beginne mit der größten.

1 20 11 9 14

______

2 Vergleiche. Setze <, > oder = ein.

a) 6 ◯ 9
8 ◯ 8
7 ◯ 1

b) 12 ◯ 15
19 ◯ 16
17 ◯ 17

c) 14 ◯ 9
10 ◯ 20
2 ◯ 19

3 Zerlege die Zahlen im Dach.

a)

5

0 + 5
1 + __
2 + __
3 + __
4 + __
5 + __

b)

9

__ + __
__ + __
__ + __
__ + __
__ + __
__ + __
__ + __
__ + __
__ + __

c)

8

__ + __
__ + __
__ + __
__ + __
__ + __
__ + __
__ + __
__ + __
__ + __

Bereich für die Lehrkraft

1 Zahlen bis 20 ordnen
2 Zahlen bis 20 vergleichen
3 Zahlen zerlegen

→ nach Schulbuch, Seite 11

Name: Datum:

Wiederholung – Zahlenraum bis 20

Die Aufgaben waren für mich

○ **4**

a) 10 + 2 = ___
12 + 3 = ___
16 + 4 = ___

b) 20 − 2 = ___
18 − 3 = ___
16 − 0 = ___

c) 17 + 2 = ___
15 − 3 = ___
19 − 8 = ___

○ **5** Wie rechnest du? Schreibe auf.

a) 7 + 8 = ___
___ = ___
___ = ___

b) 9 + 4 = ___
___ = ___
___ = ___

c) 13 − 8 = ___
___ = ___
___ = ___

d) 15 − 7 = ___
___ = ___
___ = ___

○ **6**

a) 9 + 7 = ___
4 + 8 = ___
3 + 9 = ___

b) 12 − 5 = ___
17 − 9 = ___
12 − 7 = ___

c) 9 + 8 = ___
13 − 6 = ___
4 + 7 = ___

○ **7**

a)

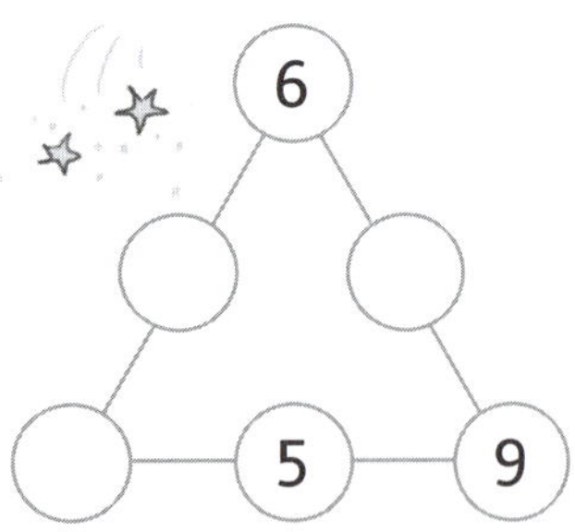

Immer **17**.

b)

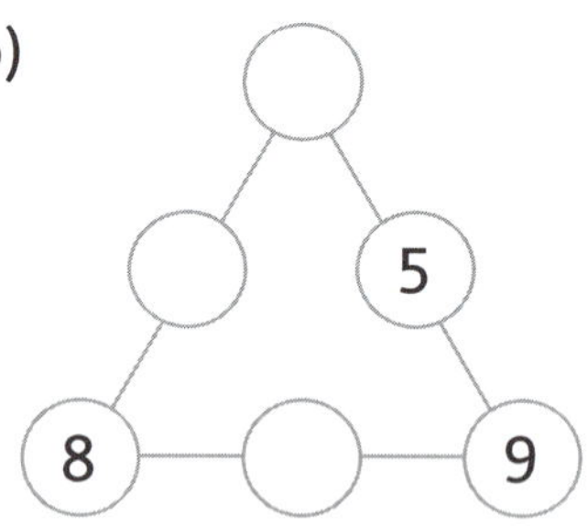

Immer **18**.

Bereich für die Lehrkraft

4 Rechnen ohne Zehnerübergang
5 Rechenwege notieren
6 Rechnen mit Zehnerübergang
7 Zauberdreiecke lösen

→ nach Schulbuch, Seite 11

Name: ______________________ Datum: __________

Die Zahlen bis 100

Die Aufgaben waren für mich: ☺ 😐 ☹

1 Finde die fehlenden Zehnerzahlen.

a) ___ ___ 90 100

b) ___ 20 ___ ___

c) ___ 50 ___ ___

d) ___ ___ ___ 60

2 Wie viele Zehner? Wie viele Einer?

a)

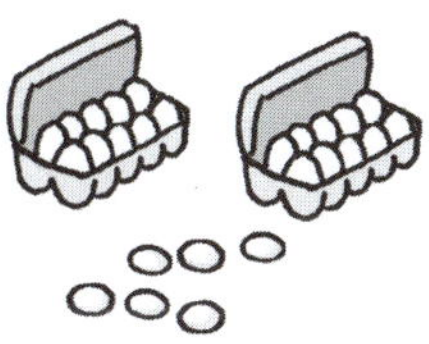

Z	E

b)

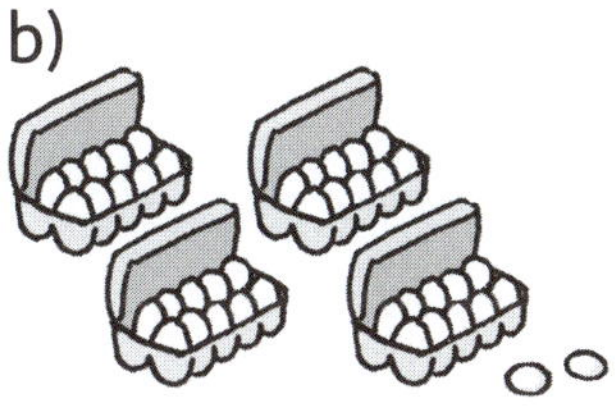

Z	E

3 Zeichne in das Hunderterfeld. Zerlege in Zehner und Einer.

a)

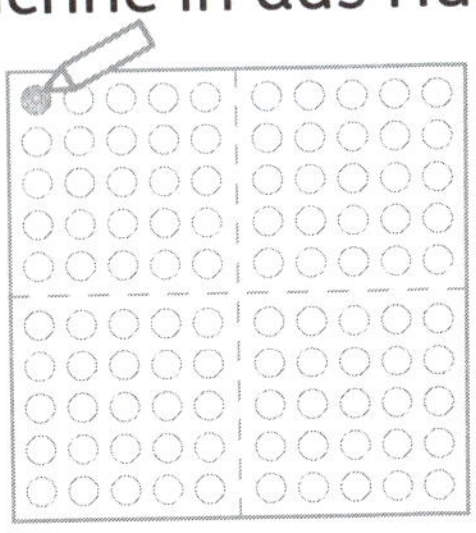

Z	E
2	7

27 = 20 + ___

b)

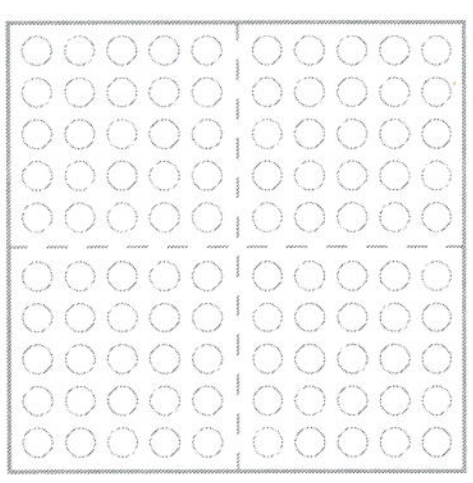

Z	E
5	9

___ = ___ + ___

4 Kennst du die Geheimschrift? Schreibe und zeichne.

a)

Z	E

b)

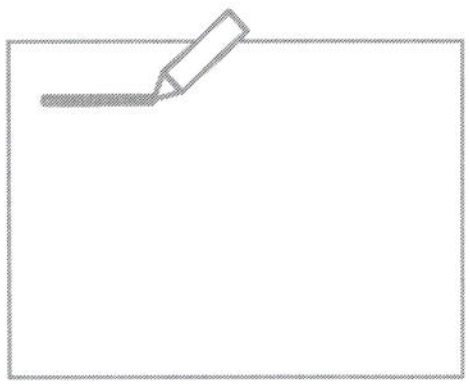

Z	E
6	4

Bereich für die Lehrkraft

1 Zehnerzahlen ergänzen

2 Zehnerbündelungen erkennen und in die Stellenwerttafel eintragen

3 Zahlen im Hunderterfeld darstellen/in Zehner und Einer zerlegen

4 Strich-Punkt-Darstellung verstehen

→ nach Schulbuch, Seite 19

2

Name: ______________________ Datum: __________

Die Zahlen bis 100

Die Aufgaben waren für mich

5 Vervollständige die Zahlen-Steckbriefe.

a)

Z	E
4	5

___ = ___ + ___

____

b)

Z	E

___ = ___ + ___

____

☺ ☹ ☹ ☐ ☐ ☐

6 Löse die Zahlenrätsel.

a) Meine Zahl hat 6 Zehner und halb so viele Einer.

Z	E

b) Meine Zahl hat 4 Einer und doppelt so viele Zehner.

Z	E

☺ ☹ ☹ ☐ ☐ ☐

7 a) Meine Zahl hat 2 Zehner weniger und 6 Einer mehr als die Zahl 92.

Die Zahl heißt ____.

b) Meine Zahl hat genauso viele Einer wie Zehner und liegt zwischen 80 und 90.

Die Zahl heißt ____.

☺ ☹ ☹ ☐ ☐ ☐

Bereich für die Lehrkraft

5 Zahldarstellungen in den Zahlen-Steckbriefen ergänzen ☐ ☐ ☐

6 Zahlenrätsel lösen, Zahlen in die Stellenwerttafel eintragen ☐ ☐ ☐

7 Zahlenrätsel lösen ☐ ☐ ☐

→ nach Schulbuch, Seite 19

3

Name: ______________________ Datum: __________

Die Hundertertafel

Die Aufgaben waren für mich: ☺ 😐 ☹

1 Trage die Zahlen ein.

a) 50, 80, 20, 30

b) 44, 66, 11, 99

c) 56, 72, 63, 15

1									10
	☺	☺							
	☺		☺						
		☺	☺						
							★		
						★	★	★	
							★		
							★		
									100

☺ ☐ 😐 ☐ ☹ ☐

2 Welche Zahlen sind es?

☺ ______________________

____

★ ______________________

____

☺ ☐ 😐 ☐ ☹ ☐

3 Ergänze die fehlenden Zahlen in den grauen Feldern.

a)

15	16	

b)

	34	

c)

	64	

d)

	79	

☺ ☐ 😐 ☐ ☹ ☐

4 Springe auf der Hundertertafel.
Auf welcher Zahl landest du?

a) 62 4 Felder nach rechts. ☐

b) 48 3 Felder nach unten. ☐

c) 99 2 Felder nach links und 2 Felder nach oben. ☐

☺ ☐ 😐 ☐ ☹ ☐

Bereich für die Lehrkraft

		☺	😐	☹
1	Zahlen in die Hundertertafel eintragen	☐	☐	☐
2	Verdeckte Zahlen notieren	☐	☐	☐
3	Fehlende Zahlen in die Ausschnitte der Hundertertafel eintragen	☐	☐	☐
4	Zielzahlen notieren	☐	☐	☐

→ nach Schulbuch, Seite 21

Name: ______ Datum: ______

Die Hundertertafel

Die Aufgaben waren für mi…

5 Trage die fehlenden Zahlen ein.

36	37	
66		

1		3
41		43

55		57
65		

18		

6 Wie kannst du springen? Schreibe deinen Weg auf.

a) 14 2 Felder nach unten, __ Felder nach ______. 37

b) 68 __ Felder nach ______, __ Felder nach ______. 95

c) 80 __ Felder nach ______, __ Felder nach ______. 56

d) 53 __ Felder nach ______, __ Felder nach ______. 29

7 Springe auf der Hundertertafel. Auf welcher Zahl landest du?

a) 35 3 Felder nach unten, 2 Felder nach links, 1 Feld nach oben, 5 Felder nach rechts. ___

b) 72 4 Felder nach rechts, 4 Felder nach oben, 2 Felder nach links, 1 Feld nach unten. ___

c) 86 5 Felder nach oben, 5 Felder nach links, 2 Felder nach unten, 9 Felder nach rechts. ___

Bereich für die Lehrkraft

5 Fehlende Zahlen in die Ausschnitte der Hundertertafel eintragen

6 Wege zu den Zielzahlen notieren

7 Zielzahlen notieren

→ nach Schulbuch, Seite 21

Name: ______________________ Datum: __________

Der Zahlenstrahl

Die Aufgaben waren für mich:

1 Verbinde.

30 41 48 55 67 79

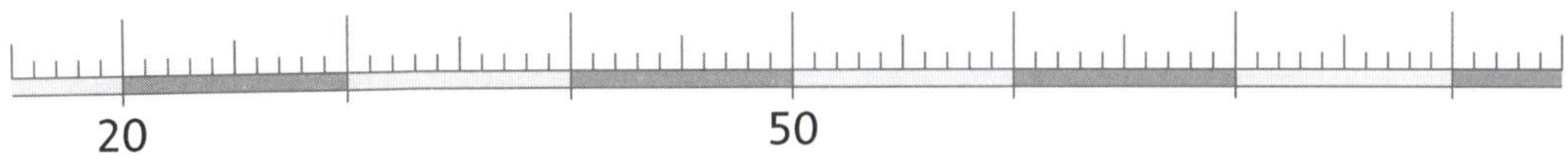

2 Notiere Vorgänger (V) und Nachfolger (N).

a)

V	Z	N
	24	
	53	
	88	

b)

V	Z	N
	40	
	69	
	91	

3 Notiere die Nachbarzehner (NZ).

a)

NZ	Z	NZ
	36	
	74	
	85	

b)

NZ	Z	NZ
	29	
	51	
	94	

4 Vergleiche. Setze <, > oder = ein.

a) 23 ◯ 27
39 ◯ 31
54 ◯ 62

b) 48 ◯ 48
89 ◯ 88
17 ◯ 72

c) 12 ◯ 21
43 ◯ 34
99 ◯ 66

Bereich für die Lehrkraft

1 Zahlen mit dem Zahlenstrahl verbinden
2 Vorgänger und Nachfolger bestimmen
3 Nachbarzehner bestimmen
4 Zahlen vergleichen

→ nach Schulbuch, Seite 23

Name: ________ Datum: ________

4

Der Zahlenstrahl

Die Aufgaben waren für mich

5 Ordne diese Zahlen zu: 46, 30, 71, 18, 69.

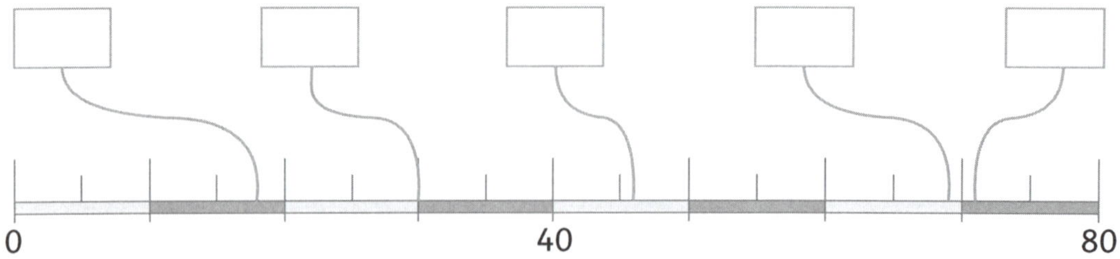

Ordne diese Zahlen zu: 39, 50, 23, 86, 61.

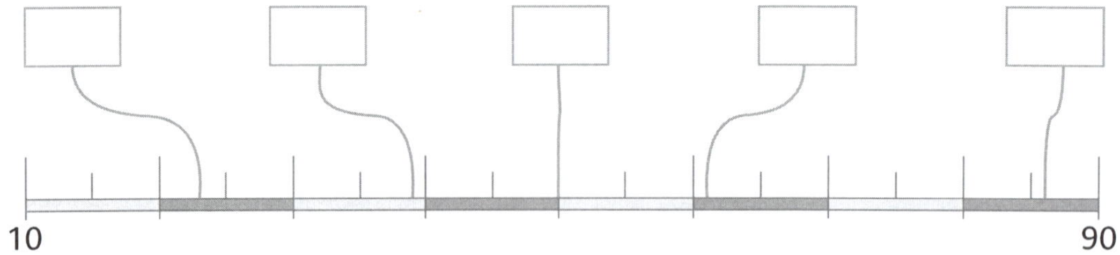

6 Wo liegen diese Zahlen ungefähr? Verbinde.

29 | 35 | 57 | 62 | 94

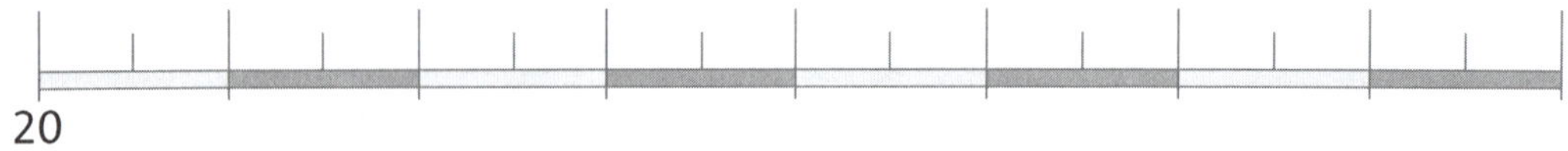

7 a) Meine Zahl liegt zwischen 68 und 75. Sie hat halb so viele Einer wie die Zahl 84.

Die Zahl heißt ____.

b) Meine Zahl hat die Nachbarzehner 50 und 60. Der Einer ist das Doppelte von 4.

Die Zahl heißt ____.

Bereich für die Lehrkraft

5 Zahlen am Zahlenstrahl zuordnen

6 Zahlen mit dem Zahlenstrahl verbinden

7 Zahlenrätsel lösen

→ nach Schulbuch, Seite 23

5

Name:

Datum:

Muster zeichnen

Die Aufgaben waren für mich:

○ **1** Färbe die Muster.

a)

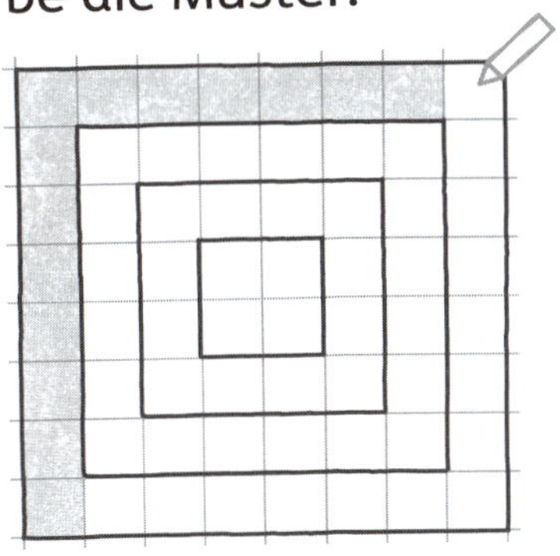

b)

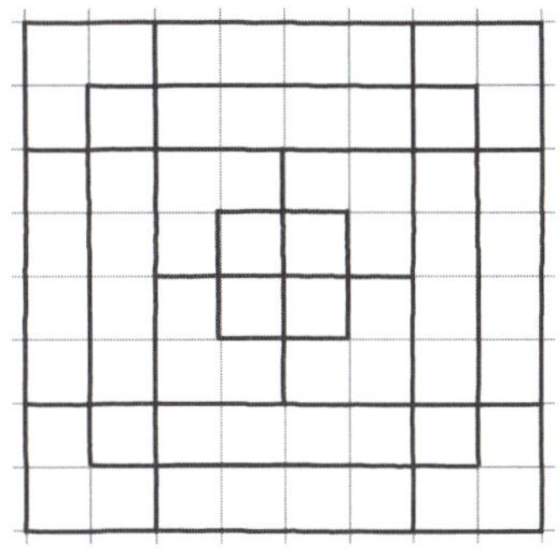

○ **2** Setze die Bandmuster fort und färbe. Benutze ein Lineal.

a)

b)

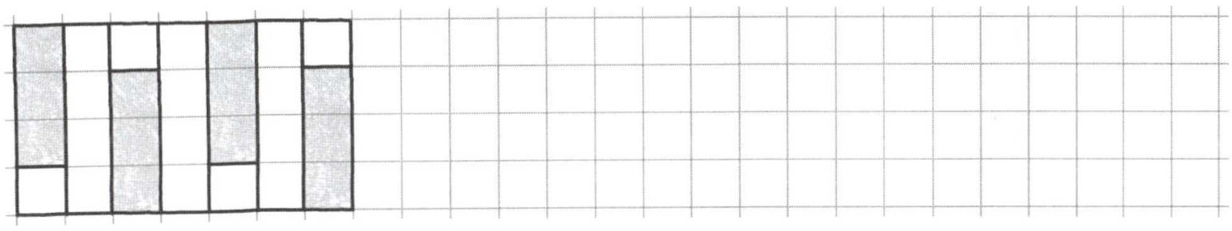

○ **3** Zeichne das Muster freihändig ab.

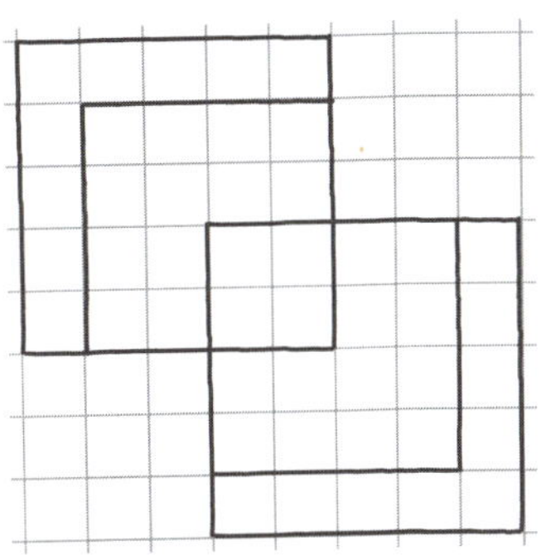

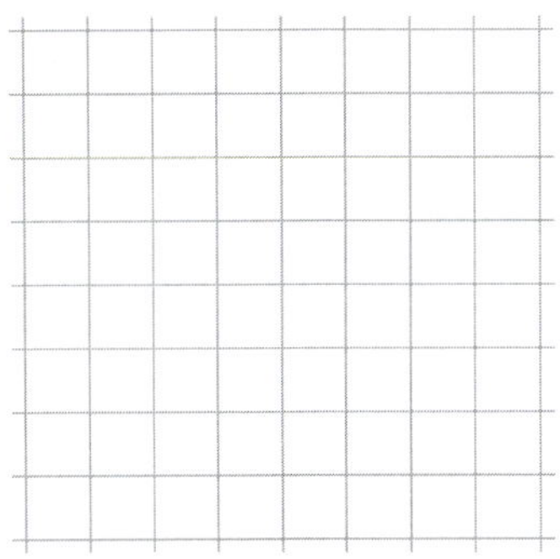

Bereich für die Lehrkraft

1 Muster farbig gestalten

2 Bandmuster mit Lineal fortsetzen und färben

3 Muster freihändig abzeichnen und färben

→ nach Schulbuch, Seite 29

5

Name: ______________________ Datum: __________

Muster zeichnen

Die Aufgaben waren für mich

4 Setze das Bandmuster fort und färbe. Benutze ein Lineal.

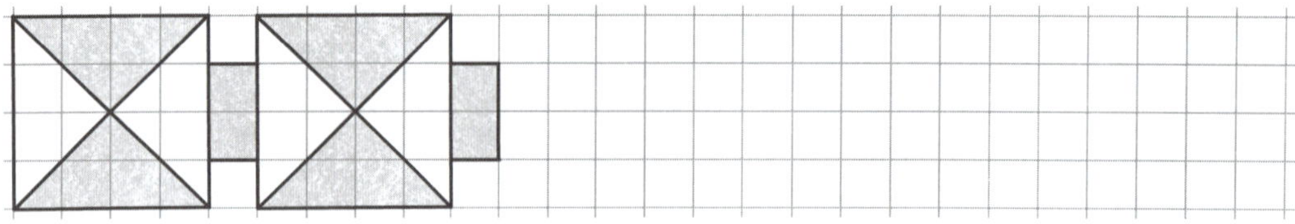

☺ 😐 ☹ ☐ ☐ ☐

5 Setze das Bandmuster freihändig fort und färbe.

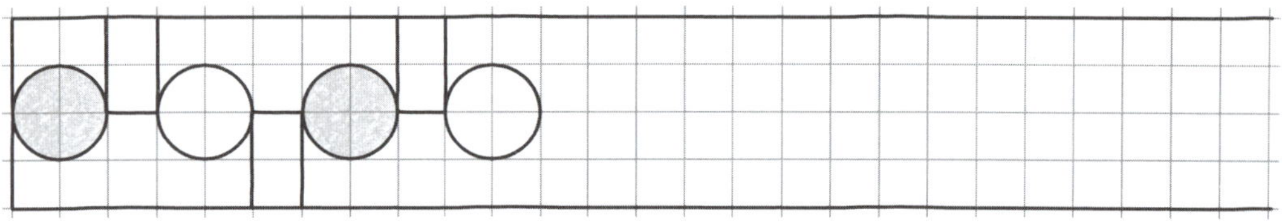

☺ 😐 ☹ ☐ ☐ ☐

6 Zeichne ein eigenes Bandmuster und färbe.

☺ 😐 ☹ ☐ ☐ ☐

7 In jedem Bandmuster sind 2 Fehler. Kreise sie ein.

a)

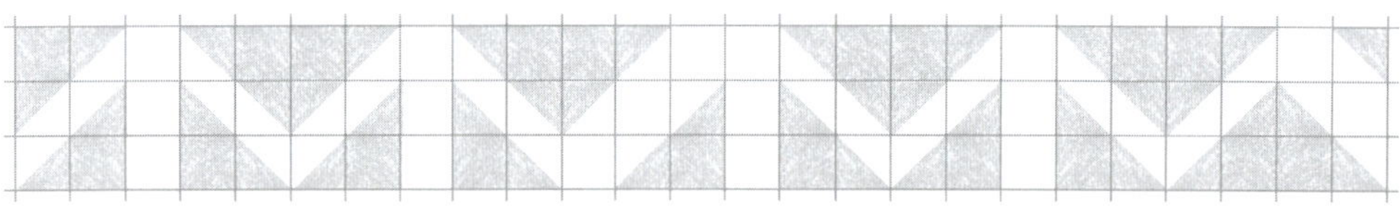

b)

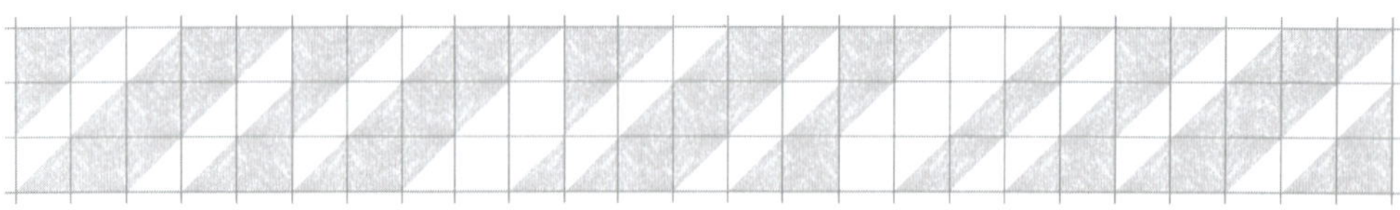

☺ 😐 ☹ ☐ ☐ ☐

Bereich für die Lehrkraft

		☺	😐	☹
4	Bandmuster mit Lineal fortsetzen und färben	☐	☐	☐
5	Muster freihändig fortsetzen und färben	☐	☐	☐
6	Eigenes Bandmuster zeichnen und färben	☐	☐	☐
7	Fehler in Bandmustern finden und einkreisen	☐	☐	☐

→ nach Schulbuch, Seite 29

6

Name: ____________ Datum: ____________

Plus und Minus ohne Zehnerübergang

Die Aufgaben waren für mich:

1 Löse die Plusaufgaben.

a) 31 + 8 = ___
92 + 5 = ___
27 + 1 = ___

b) 83 + 6 = ___
75 + 2 = ___
33 + 3 = ___

c) 81 + 0 = ___
62 + 7 = ___
44 + 4 = ___

2 Ergänze bis zum nächsten Zehner.

a) 24, 47, 51, 65

24 + 6 = 30

b) 25, 86, 79, 92

3 Löse die Minusaufgaben.

a) 95 − 3 = ___
63 − 0 = ___
47 − 4 = ___

b) 53 − 1 = ___
78 − 7 = ___
65 − 2 = ___

c) 39 − 8 = ___
84 − 3 = ___
28 − 6 = ___

4 a) Nimm immer 3 weg.

50, 80, 70, 30

50 − 3 =

b) Nimm immer 7 weg.

90, 20, 40, 60

Bereich für die Lehrkraft

1 Plusaufgaben mit Einern ohne Zehnerübergang lösen
2 Bis zum nächsten Zehner ergänzen
3 Minusaufgaben mit Einern ohne Zehnerübergang lösen
4 Vom vollen Zehner wegnehmen

→ nach Schulbuch, Seite 35

Name: ______________________ Datum: __________

6

Plus und Minus ohne Zehnerübergang

Die Aufgaben waren für mich

◒ **5** Schreibe die Aufgabenfamilien.

a) 28, 3, ___

b) ___, ___, ___

49 − 5 = ___

☺ ☺ ☹

◒ **6** Löse die Zahlenrätsel.

a) Meine Zahl ist um 6 größer als der Vorgänger von 73.

Die Zahl heißt ___.

b) Der Nachfolger der 47 ist um 5 größer als meine Zahl.

Die Zahl heißt ___.

☺ ☺ ☹

● **7** Löse durch Probieren.

a)

	35	
2		27

b)

	60	
6		52

☺ ☺ ☹

Bereich für die Lehrkraft

5 Aufgabenfamilien bilden und rechnen

6 Zahlenrätsel lösen

7 Zahlenmauern durch Probieren lösen

→ nach Schulbuch, Seite 35

Name: ______________________ Datum: __________

Plusaufgaben mit Zehnerübergang

Die Aufgaben waren für mich: ☺ 😐 ☹

1 Wie rechnest du? Schreibe auf.

a)

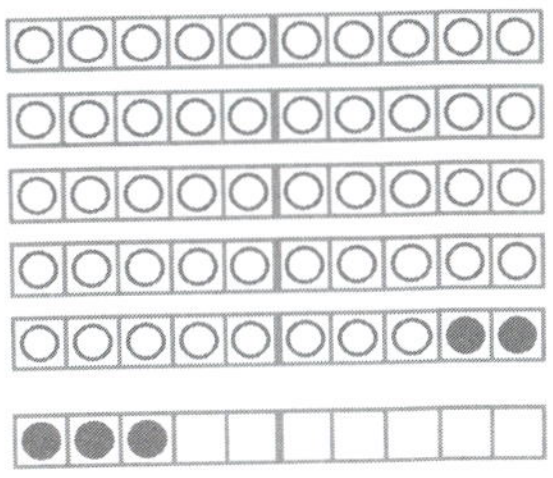

___ + ___ = ___
___ = ___
___ = ___

b)

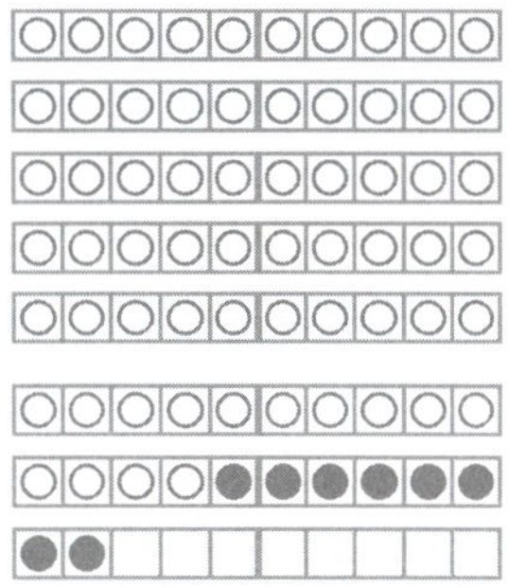

___ + ___ = ___
___ = ___
___ = ___

2 a) 25 + 7 = ___
___ = ___
___ = ___

b) 19 + 4 = ___
___ = ___
___ = ___

c) 37 + 6 = ___
___ = ___
___ = ___

d) 85 + 8 = ___
___ = ___
___ = ___

3 Finde die Rechenfehler. Schreibe die Ergebnisse richtig auf.

a) 13 + 8 = 21 ✓
47 + 5 = ~~53~~ 52
38 + 9 = 48
26 + 5 = 31

b) 36 + 7 = 42
53 + 8 = 61
68 + 5 = 72
44 + 9 = 55

Bereich für die Lehrkraft

1 Plusaufgaben entnehmen, Rechenweg wählen und notieren
2 Rechenwege notieren
3 Rechenfehler finden und berichtigen

→ nach Schulbuch, Seite 36

7

Name: ____________________ Datum: ________

Plusaufgaben mit Zehnerübergang

Die Aufgaben waren für mich

4 Löse die Tabellen.

a)

+		5	
48			54
59	62		
67			

b)

+		7	9
27	31		
39			
			94

5 Löse die Aufgabenrollen.

a)

15 + 9 = ____
25 + 8 = ____
35 + 7 = ____
____ + ____ = ____
____ + ____ = ____
____ + ____ = ____

b)

5 + 68 = ____
6 + 67 = ____
7 + 66 = ____
____ + ____ = ____
____ + ____ = ____
____ + ____ = ____

6 Lea macht einen Ausflug an den See.
Auf dem Wasser sieht sie 15 Segelboote und 8 Kanuboote. Außerdem sieht sie noch halb soviele Tretboote wie Kanuboote.
Wie viele Boote sieht Lea auf dem Wasser?

L:

A:

Bereich für die Lehrkraft

4 Plustabellen lösen

5 Aufgabenrollen fortsetzen und lösen

6 Komplexe Sachaufgabe lösen; Antwort formulieren

→ nach Schulbuch, Seite 36

Name: ______________________ Datum: __________

Minusaufgaben mit Zehnerübergang

Die Aufgaben waren für mich: 🙂 😐 🙁

○ **1** Wie rechnest du? Schreibe auf.

a)

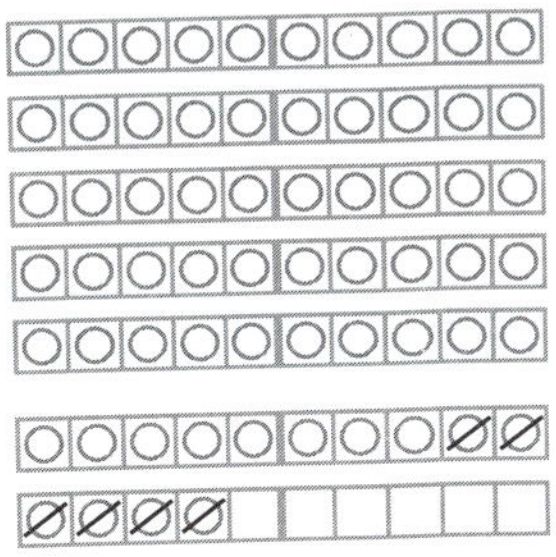

___ – ___ = ___
___ = ___
___ = ___

b)

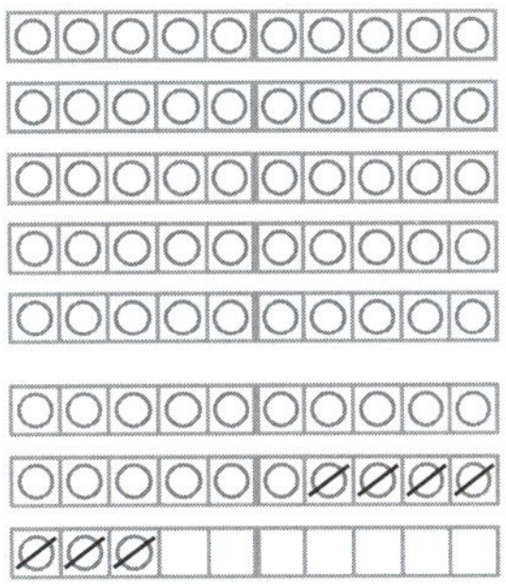

___ – ___ = ___
___ = ___
___ = ___

○ **2**

a) 25 – 8 = ___
___ = ___
___ = ___

b) 37 – 9 = ___
___ = ___
___ = ___

c) 51 – 6 = ___
___ = ___
___ = ___

d) 72 – 3 = ___
___ = ___
___ = ___

○ **3** Finde die Rechenfehler. Schreibe die Ergebnisse richtig auf.

a)
25 – 8 = ~~16~~ 17
36 – 9 = 27 ✓
43 – 5 = 38 ☐
51 – 7 = 43 ☐

b)
24 – 6 = 18 ☐
43 – 8 = 55 ☐
38 – 9 = 49 ☐
72 – 4 = 68 ☐

Bereich für die Lehrkraft

	🙂	😐	🙁
1 Minusaufgaben entnehmen, Rechenweg wählen und notieren	☐	☐	☐
2 Rechenwege notieren	☐	☐	☐
3 Rechenfehler finden und berichtigen	☐	☐	☐

→ nach Schulbuch, Seite 37

8

Name: ______________________ Datum: ________

Minusaufgaben mit Zehnerübergang

Die Aufgaben waren für mich

◒ **4** Löse die Tabellen.

a)

–	8		
52			45
33		27	
61			

b)

–		9	
63	57		
45			38
74			

◒ **5** Löse die Aufgabenrollen.

a)

92 – 4 = ____
82 – 5 = ____
72 – 6 = ____
____ – ____ = ____
____ – ____ = ____
____ – ____ = ____

b)

31 – 5 = ____
32 – 6 = ____
33 – 7 = ____
____ – ____ = ____
____ – ____ = ____
____ – ____ = ____

● **6** In die Klasse 2c der Park-Grundschule gehen 27 Kinder.
8 Kinder laufen zur Schule. 9 Kinder fahren mit dem Fahrrad.
Die anderen Kinder der Klasse fahren mit dem Schulbus.
Wie viele Kinder fahren mit dem Schulbus?

L:

A:

Bereich für die Lehrkraft

4 Minustabellen lösen
5 Aufgabenrollen fortsetzen und lösen
6 Komplexe Sachaufgabe lösen; Antwort formulieren

→ nach Schulbuch, Seite 37

9

Name:

Datum:

Lösungswege finden

Die Aufgaben waren für mich:

1 Wie viele Kinder sind auf dem Spielplatz?

A:

☺ 😐 ☹

2 Die Kinder von der Wippe gehen noch zum Sandkasten.
Wie viele Kinder sind nun im Sandkasten?

L:

A:

☺ 😐 ☹

3 Es kommen noch 9 Kinder auf den Spielplatz.
Wie viele Kinder sind nun auf dem Spielplatz?

L:

A:

☺ 😐 ☹

Bereich für die Lehrkraft

1 Informationen entnehmen, Antwort formulieren
2 Informationen entnehmen, Lösungsweg notieren, Antwort formulieren
3 Informationen entnehmen, Lösungsweg notieren, Antwort formulieren

→ nach Schulbuch, Seite 42

9

Name: ______ Datum: ______

Lösungswege finden

Die Aufgaben waren für mich:

4 In die Blümchen-Grundschule gehen 86 Kinder. Davon fahren heute 8 Kinder zu einem Schachturnier. Morgen fehlen sogar noch 12 Kinder mehr.

F: Wie viele Kinder sind morgen in der Schule?

L:

A:

☺ ☹ ☹ ☐ ☐ ☐

5 In die Regenbogen-Grundschule gehen 53 Mädchen und 46 Jungen. Heute sind 2 Mädchen und 5 Jungen krank.

F:

L:

A:

☺ ☹ ☹ ☐ ☐ ☐

Bereich für die Lehrkraft

6 Komplexe Sachaufgabe lösen; Antwort formulieren

5 Passende Frage finden und Sachaufgabe lösen; Antwort formulieren

→ nach Schulbuch, Seite 42

10

Name: ______ Datum: ______

Längen: Meter und Zentimeter

Die Aufgaben waren für mich:

○ **1** Miss mit dem Lineal die Länge der Stifte. Schreibe in Zentimeter.

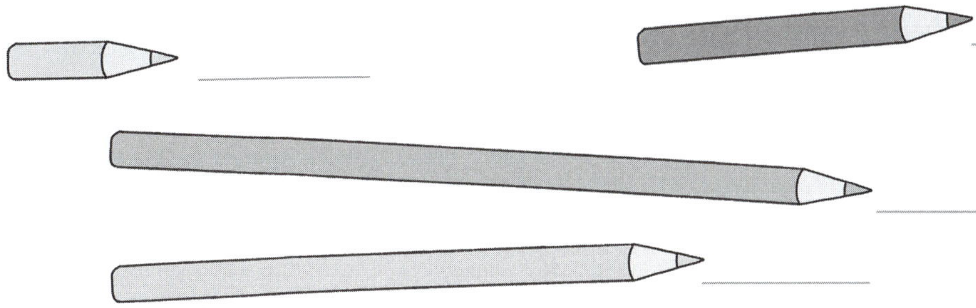

○ **2** Zeichne die Strecken mit Lineal und einem spitzen Bleistift.

6 cm

3 cm

8 cm

5 cm

○ **3** Ordne nach der Länge. Beginne mit der kürzesten Länge.

2 m 25 cm	87 cm	10 m	5 m 32 cm

○ **4** a) 27 cm + 5 cm = ______ cm

53 cm + 9 cm = ______

86 cm + 8 cm = ______

b) 6 m + 34 cm = ____ m ____ cm

8 m + 60 cm = ______

3 m + 7 cm = ______

Bereich für die Lehrkraft

1 Längen mit dem Lineal messen

2 Strecken mit dem Lineal zeichnen

3 Längenangaben der Größe nach ordnen

4 Mit Größen rechnen

→ nach Schulbuch, Seite 48

Name:

Datum:

Längen: Meter und Zentimeter

Die Aufgaben
waren für mi

5 Was passt zusammen? Verbinde.

Breite der Tür	Länge eines Linienbusses	Länge eines Bleistiftes	Breite eines Fingernagels
10 cm	1 cm	1 m	10 m

6 Wie lang ist die Gesamtstrecke?
Miss die einzelnen Teilstrecken und rechne.

7 Miss genau und entdecke das Geheimnis der Zickzacklinie.
Setze um fünf Teilstrecken fort.

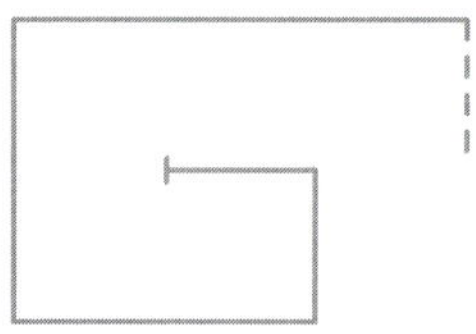

Bereich für die Lehrkraft

5 Längen zuordnen
6 Teilstrecken messen; mit Längen rechnen
7 Teilstrecken messen; Zickzacklinie nach Regel fortsetzen

→ nach Schulbuch, Seite 48

Name: ______________________ Datum: ____________

11

Malaufgaben

Die Aufgaben waren für mich: ☺ 😐 ☹

○ **1** Schreibe die Plusaufgabe und die Malaufgabe.

a)

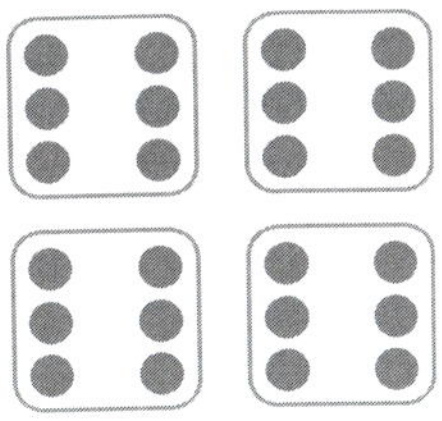

___________ = _____

___ · ___ = _____

b)

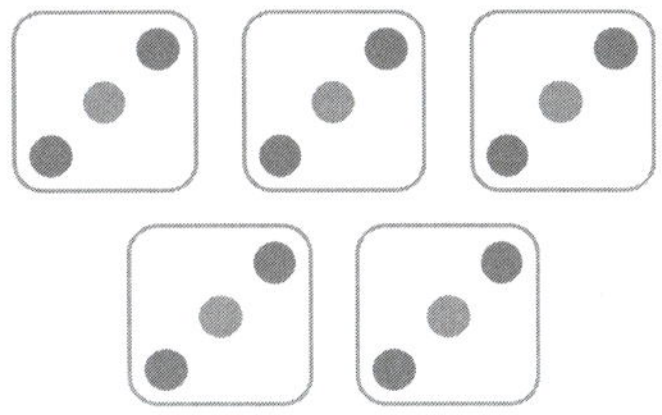

___________ = _____

___ · ___ = _____

○ **2** a)

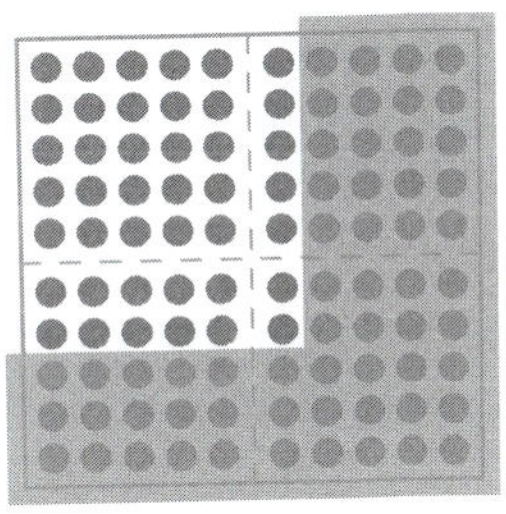

___ · ___ = _____

b)

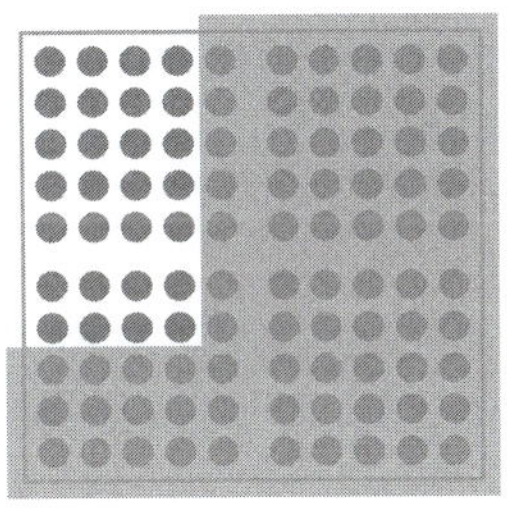

___ · ___ = _____

c)

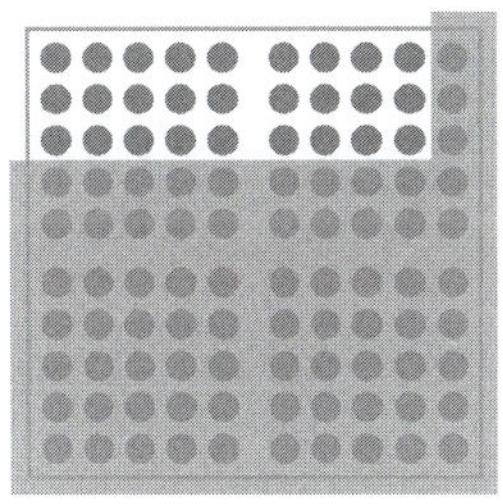

___ · ___ = _____

○ **3** Rechne die Malaufgabe und ihre Tauschaufgabe.

a)

___ · ___ = _____

___ · ___ = _____

b)

___ · ___ = _____

___ · ___ = _____

c)

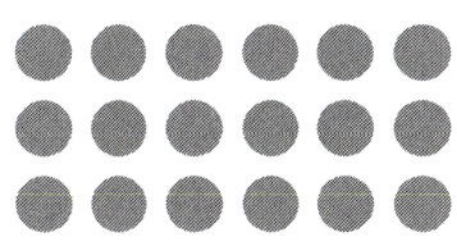

___ · ___ = _____

___ · ___ = _____

Bereich für die Lehrkraft

		☺	😐	☹
1	Passende Plusaufgaben notieren; Malaufgaben ableiten	☐	☐	☐
2	Malaufgaben ablesen, notieren und lösen	☐	☐	☐
3	Passende Mal- und Tauschaufgaben notieren und lösen	☐	☐	☐

→ nach Schulbuch, Seite 59

11

Name: ______________________ Datum: ________

Malaufgaben

Die Aufgaben waren für mi…

4 Zeichne die passenden Würfelbilder und rechne.

a)

___ · 5 = ___

b)

___ · 3 = ___

5 Löse die Aufgabenrollen.

a)

1 · 2 = ___
5 · 2 = ___
2 · 2 = ___
6 · ___ = ___
___ · ___ = ___
___ · ___ = ___
___ · ___ = ___

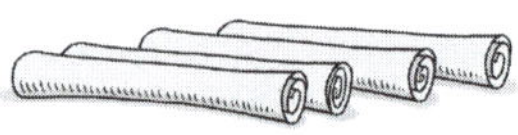

b)

10 · 4 = ___
9 · 7 = ___
8 · 4 = ___
___ · 7 = ___
___ · ___ = ___
___ · ___ = ___
___ · ___ = ___

6 Finde jeweils vier Malaufgaben zu diesen Ergebnissen.

a) 40

___ · ___
___ · ___
___ · ___
___ · ___

b) 24

___ · ___
___ · ___
___ · ___
___ · ___

c) 30

___ · ___
___ · ___
___ · ___
___ · ___

Bereich für die Lehrkraft

4 Passende Würfelbilder zeichnen; Malaufgaben notieren und rechnen
5 Aufgabenrollen lösen und fortsetzen
6 Jeweils vier passende Malaufgaben finden und notieren

→ nach Schulbuch, Seite 59

12

Name: ______________________ Datum: __________

Geteiltaufgaben

Die Aufgaben waren für mich:

○ **1** Teile auf: Immer 3 Paprika in eine Tüte.

___ : ___ = ___

Es werden ___ Tüten gebraucht.

○ **2** Verteile: Auf jeden Teller gleich viele Birnen.

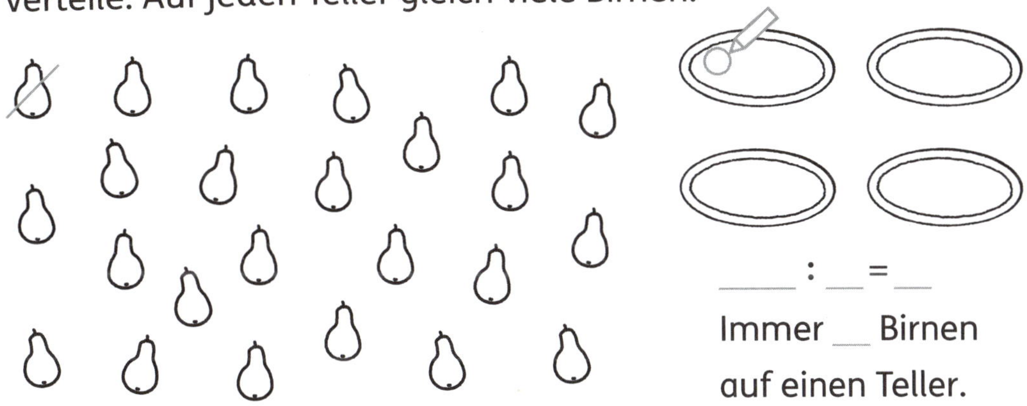

___ : ___ = ___

Immer ___ Birnen auf einen Teller.

○ **3** Kreise ein und rechne. Kontrolliere mit der Umkehraufgabe.

a)

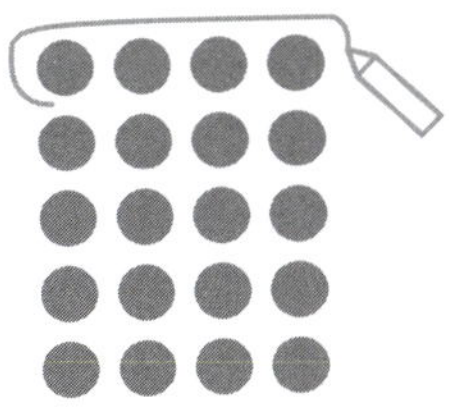

b)

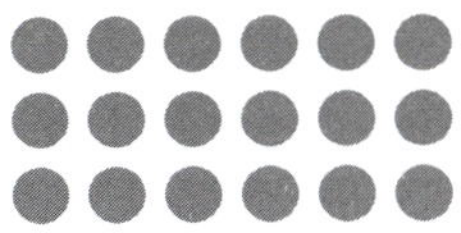

c)

a) ___ : ___ = ___
___ · ___ = ___

b) ___ : ___ = ___
___ · ___ = ___

c) ___ : ___ = ___
___ · ___ = ___

Bereich für die Lehrkraft

1 Durch Einkreisen aufteilen; Geteiltaufgabe lösen

2 Durch Wegstreichen und Zeichnen verteilen; Geteiltaufgabe lösen

3 Geteiltaufgaben lösen; Ergebnisse mit der Umkehraufgabe kontrollieren

→ nach Schulbuch, Seite 63

Name: ______________________ Datum: __________

Geteiltaufgaben

Die Aufgaben waren für mich: ☺ 😐 ☹

4 Schreibe die Aufgabenfamilien.

a)

32

8 ___

___ · ___ = ___
___ · ___ = ___
___ : ___ = ___
___ : ___ = ___

b)

___

2 9

___ · ___ = ___
___ · ___ = ___
___ : ___ = ___
___ : ___ = ___

☺ 😐 ☹ □ □ □

5 Verteile 24 Muscheln …

a) an 8 Kinder. ___ : ___ = ___

b) an 4 Kinder. ___ : ___ = ___

c) an 6 Kinder. ___ : ___ = ___

☺ 😐 ☹ □ □ □

6 Im Sportunterricht werden Gruppen gebildet:
Wenn 4er-Gruppen gebildet werden, bleibt ein Kind übrig.
Auch wenn 3er-Gruppen gebildet werden, bleibt ein Kind übrig.
Bei 2er-Gruppen ist es ebenso. Erst als 5er-Gruppen gebildet werden, bleibt niemand übrig. Wie viele Kinder können es sein?

L:

A:

☺ 😐 ☹ □ □ □

Bereich für die Lehrkraft

		☺	😐	☹
4	Aufgabenfamilien bilden und lösen	□	□	□
5	Geteiltaufgaben durch Verteilen lösen	□	□	□
6	Komplexe Sachaufgabe lösen; Antwortsatz formulieren	□	□	□

→ nach Schulbuch, Seite 63

13

Name: ____________________ Datum: __________

Einmaleins mit 2, 5 und 10

Die Aufgaben waren für mich: ☺ 😐 ☹

○ **1** Schreibe die Malaufgabe.

a) 

___ · ___ = _____

b) 

___ · ___ = _____

☺ 😐 ☹ □ □ □

○ **2**

a)	b)	c)
4 · 2 = _____	2 · 5 = _____	3 · 10 = _____
2 · 2 = _____	5 · 5 = _____	9 · 10 = _____
6 · 2 = _____	9 · 5 = _____	2 · 10 = _____
1 · 2 = _____	7 · 5 = _____	0 · 10 = _____
8 · 2 = _____	1 · 5 = _____	10 · 10 = _____
0 · 2 = _____	4 · 5 = _____	8 · 10 = _____
10 · 2 = _____	8 · 5 = _____	6 · 10 = _____
3 · 2 = _____	10 · 5 = _____	4 · 10 = _____

☺ 😐 ☹ □ □ □

○ **3**

a)	b)	c)
12 : 2 = _____	15 : 5 = _____	10 : 10 = _____
8 : 2 = _____	30 : 5 = _____	80 : 10 = _____
6 : 2 = _____	10 : 5 = _____	20 : 10 = _____
10 : 2 = _____	25 : 5 = _____	40 : 10 = _____
20 : 2 = _____	45 : 5 = _____	100 : 10 = _____
16 : 2 = _____	35 : 5 = _____	70 : 10 = _____
18 : 2 = _____	0 : 5 = _____	50 : 10 = _____
2 : 2 = _____	40 : 5 = _____	30 : 10 = _____

☺ 😐 ☹ □ □ □

Bereich für die Lehrkraft

		☺	😐	☹
1	Malaufgaben ableiten, notieren und lösen	□	□	□
2	Einmaleins mit 2, 5 und 10 beherrschen	□	□	□
3	Umkehrungen des Einmaleins mit 2, 5 und 10 beherrschen	□	□	□

→ nach Schulbuch, Seite 68

13

Name: ______________________ Datum: __________

Einmaleins mit 2, 5 und 10

Die Aufgaben waren für mich:

4 Löse die Tabellen.

a)

·		1	
4			40
		3	
8	0		

b)

·	5	2	
	50		
		14	
6			60

5 Löse die Aufgabenrollen.

a)

2 · 8 = ____
5 · 8 = ____
2 · 7 = ____
5 · 7 = ____
__ · __ = ____
__ · __ = ____
__ · __ = ____

b)

2 · 2 = ____
4 · 2 = ____
3 · 2 = ____
6 · 2 = ____
__ · __ = ____
__ · __ = ____
__ · __ = ____

6 a) Wenn ich meine Zahl mit 5 malnehme, kommt das Gleiche heraus, wie wenn ich 3 mit 10 malnehme.

Die Zahl heißt ____.

b) Wenn ich meine Zahl mit 5 malnehme, ist sie um 24 größer, als wenn ich sie mit 2 malnehme.

Die Zahl heißt ____.

Bereich für die Lehrkraft

4 Maltabellen lösen
5 Aufgabenrollen fortsetzen und lösen
6 Zahlenrätsel lösen

→ nach Schulbuch, Seite 68

14

Name: ____________________ Datum: __________

Flächenformen

Die Aufgaben waren für mich:

1 Wie heißen die Formen? Verbinde.

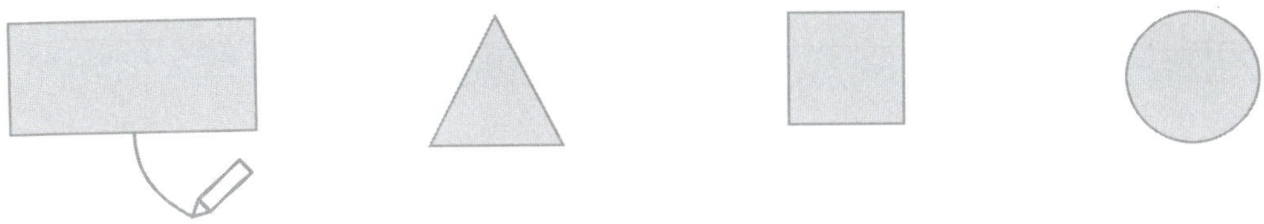

Kreis | Quadrat | Rechteck | Dreieck

2 a) Kreise die Ecken der Quadrate rot ein.

b) Zeichne die Seiten der Dreiecke blau nach.

c) Male die Flächen der Kreise grün aus.

d) Male die Flächen der Rechtecke und der Quadrate gelb aus.

Bereich für die Lehrkraft

1 Geometrische Flächenformen benennen

2 Ecken, Seiten und Flächen an geometrischen Flächenformen kennzeichnen

→ nach Schulbuch, Seite 72

Name: ______________________ Datum: __________

Flächenformen

Die Aufgaben waren für mich:

3 Zähle die Seiten und Ecken der Formen. Trage die Anzahlen ein.

Rechteck	Anzahl
Seiten	
Ecken	

Quadrat	Anzahl
Seiten	
Ecken	

Dreieck	Anzahl
Seiten	
Ecken	

Kreis	Anzahl
Kreislinie	
Ecken	

4 Was passt zusammen? Verbinde.

Ich habe Ecken, aber es sind weniger als 4.	Ich habe lange und kurze Seiten.	Ich habe keine Ecken.

5 Zähle die Formen.

a) 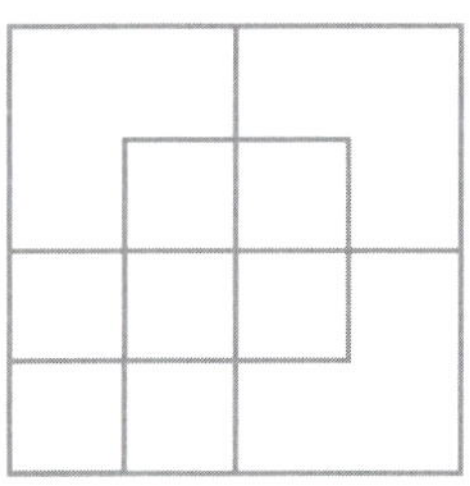

____ Quadrate

b) 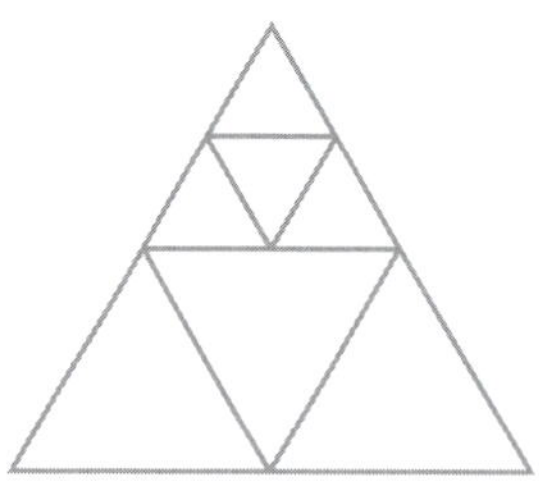

____ Dreiecke

c) 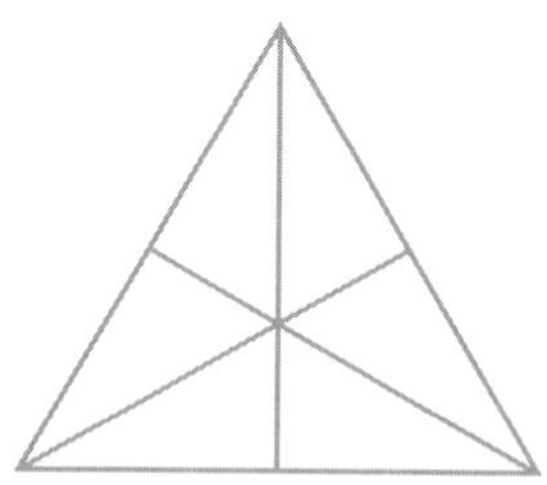

____ Dreiecke

Bereich für die Lehrkraft

3 Anzahl der Seiten und Ecken geometrischer Formen bestimmen

4 Flächenrätsel lösen

5 Große und kleine Formen erkennen; Anzahlen bestimmen

→ nach Schulbuch, Seite 72

15

Name: ____________________ Datum: __________

Flächeninhalt und Umfang

Die Aufgaben waren für mich:

○ **1** Wie oft passt das kleine Quadrat in die Figuren? Zeichne ein. 

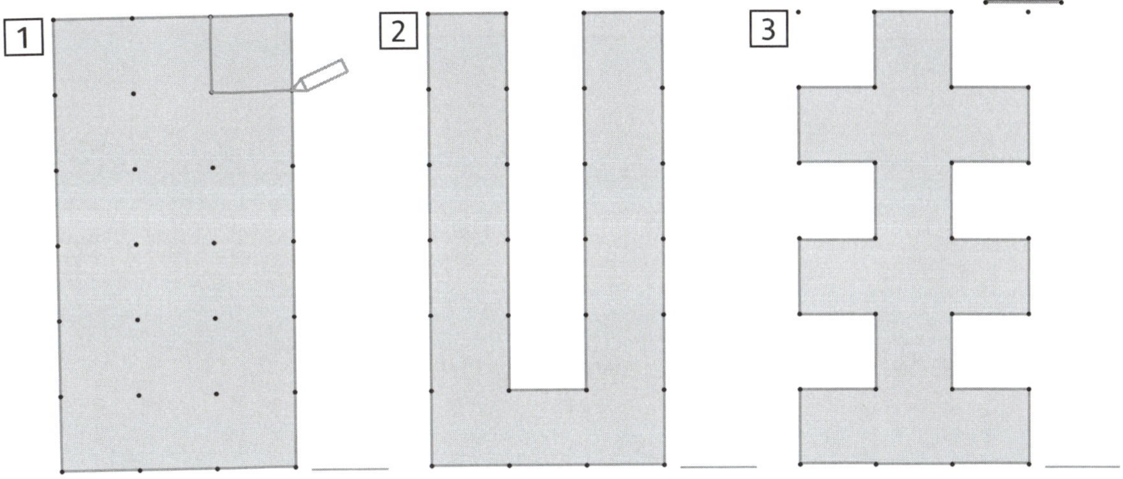

● kleinster Flächeninhalt: ____ größter Flächeninhalt: ____

○ **2** Bestimme den Umfang und den Flächeninhalt jeder Figur.

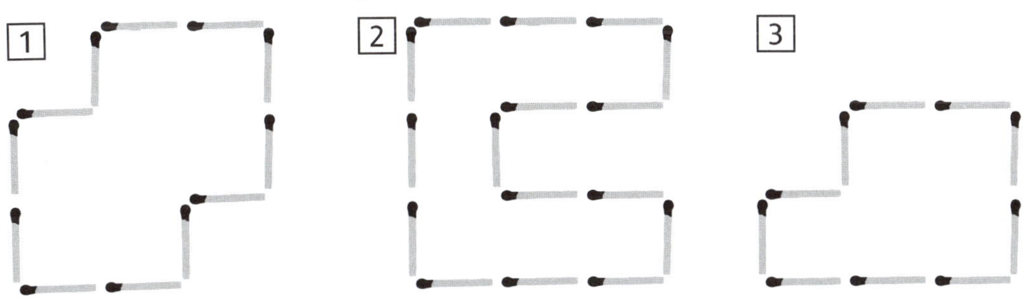

●

	Figur 1	Figur 2	Figur 3
Umfang	__ Hölzer	__ Hölzer	__ Hölzer
Flächeninhalt	__ Holz-quadrate	__ Holz-quadrate	__ Holz-quadrate

Vergleiche Figur 1 und 2. ______________________

Was fällt dir auf? Beschreibe. ______________________

Bereich für die Lehrkraft

1 Flächeninhalt durch Abzählen der Quadrate bestimmen und vergleichen

2 Umfang und Flächeninhalt vergleichen; Beobachtung notieren

→ nach Schulbuch, Seite 75

15

Name: ____________________ Datum: __________

Flächeninhalt und Umfang

Die Aufgaben waren für mich:

3 Wie oft passt das kleine Dreieck in die Figuren? Zeichne ein. 

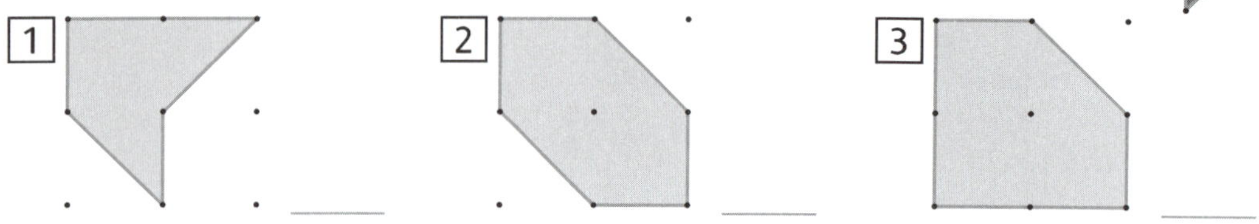

1 ____ 2 ____ 3 ____

kleinster Flächeninhalt: ____ größter Flächeninhalt: ____

4 Zeichne drei verschiedene Figuren aus jeweils 10 Dreiecken.

5 Kann das stimmen?
Überprüfe und kreuze an.

> Es gibt eine Figur,
> die einen Umfang von
> 12 Zündhölzern und
> einen Flächeninhalt von
> 5 Zündholzquadraten hat.

ja ☐ nein ☐

Bereich für die Lehrkraft

3 Flächeninhalt durch Abzählen der Dreiecke bestimmen und vergleichen

4 Verschiedene Figuren mit gleichem Flächeninhalt zeichnen

5 Aussage zeichnerisch überprüfen; Antwort ankreuzen

→ nach Schulbuch, Seite 75

Name: ______________________ Datum: ____________

Kernaufgaben nutzen

Die Aufgaben waren für mich:

○ **1**

a)
$1 \cdot 2 =$ ___
$2 \cdot 2 =$ ___
$5 \cdot 2 =$ ___
$10 \cdot 2 =$ ___

b)
$1 \cdot 6 =$ ___
$2 \cdot 6 =$ ___
$5 \cdot 6 =$ ___
$10 \cdot 6 =$ ___

c)
$1 \cdot 9 =$ ___
$2 \cdot 9 =$ ___
$5 \cdot 9 =$ ___
$10 \cdot 9 =$ ___

○ **2** Löse mithilfe der benachbarten Kernaufgabe.

a)

$5 \cdot 7 =$ ___
$6 \cdot 7 =$ ___

b)

___ · ___ = ___
$4 \cdot 5 =$ ___

c)
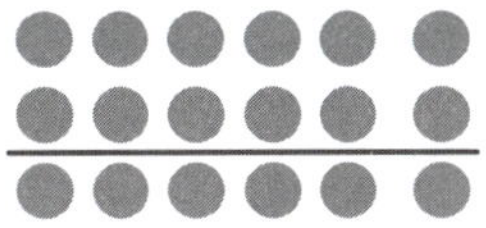

___ · ___ = ___
$3 \cdot 6 =$ ___

○ **3** Löse zuerst die Kernaufgabe und dann die Nachbaraufgabe.

a) $5 \cdot 9 =$ ___
$4 \cdot 9 =$ ___

b) $10 \cdot 7 =$ ___
$9 \cdot 7 =$ ___

c) $10 \cdot 4 =$ ___
$9 \cdot 4 =$ ___

d) $2 \cdot 8 =$ ___
$3 \cdot 8 =$ ___

e) $5 \cdot 8 =$ ___
$6 \cdot 8 =$ ___

f) $2 \cdot 7 =$ ___
$3 \cdot 7 =$ ___

○ **4** Setze aus Kernaufgaben zusammen.

a) $4 \cdot 8 =$ ___
$5 \cdot 8 =$ ___
$1 \cdot 8 =$ ___

b) $9 \cdot 6 =$ ___
$10 \cdot 6 =$ ___
$1 \cdot 6 =$ ___

c) $7 \cdot 8 =$ ___
$5 \cdot 8 =$ ___
$2 \cdot 8 =$ ___

Bereich für die Lehrkraft

1 Kernaufgaben lösen
2 Benachbarte Kernaufgabe finden und damit Malaufgaben lösen
3 Malaufgaben mithilfe der benachbarten Kernaufgabe lösen
4 Malaufgaben durch Zusammensetzen von Kernaufgaben lösen

→ nach Schulbuch, Seite 81

Name: ______ Datum: ______

Kernaufgaben nutzen

Die Aufgaben waren für mich: ☺ 😐 ☹

5 Löse mithilfe einer benachbarten Kernaufgabe.

a) __ · __ = ____
6 · 5 = ____

b) __ · __ = ____
3 · 9 = ____

c) __ · __ = ____
4 · 7 = ____

6 Setze aus Kernaufgaben zusammen.

a) 6 · 3 = ____
__ · __ = ____
__ · __ = ____

b) 8 · 9 = ____
__ · __ = ____
__ · __ = ____

c) 8 · 6 = ____
__ · __ = ____
__ · __ = ____

7 Löse die Zahlenrätsel.

a) Meine Zahl ist die Hälfte der Quadratzahl von 8.

Die Zahl heißt ____.

b) Meine Zahl ist eine gerade Quadratzahl. Sie ist durch 10 teilbar.

Die Zahl heißt ____.

8 Erreiche die Ergebnisse mithilfe von Kernaufgaben.

a)
31 = 10 · 3 + 1
32 = 5 · ____ + ____
33 = 10 · ____ + ____
34 = 5 · ____ + ____

b)
7 = 2 · ____ – ____
43 = 5 · ____ – ____
57 = 10 · ____ – ____
11 = 5 · ____ – ____

Bereich für die Lehrkraft

		☺	😐	☹
5	Benachbarte Kernaufgaben finden und damit Malaufgaben lösen	☐	☐	☐
6	Malaufgaben durch Zusammensetzen von Kernaufgaben lösen	☐	☐	☐
7	Zahlenrätsel lösen	☐	☐	☐
8	Ergebnisse mithilfe von Kernaufgaben erreichen	☐	☐	☐

→ nach Schulbuch, Seite 81

17

Name: ____________________ Datum: __________

Einmaleins mit 3, 4, 6, 7, 8 und 9

Die Aufgaben waren für mich:

○ **1**

a) 4 · 3 = ___
6 · 8 = ___
7 · 6 = ___
4 · 9 = ___

b) 8 · 6 = ___
9 · 3 = ___
8 · 8 = ___
3 · 7 = ___

c) 6 · 9 = ___
7 · 7 = ___
6 · 3 = ___
7 · 4 = ___

d) 3 · 8 = ___
8 · 4 = ___
6 · 6 = ___
4 · 7 = ___

e) 6 · 7 = ___
9 · 6 = ___
9 · 8 = ___
8 · 7 = ___

f) 4 · 8 = ___
3 · 4 = ___
7 · 3 = ___
3 · 9 = ___

☺ ☹ ☹
☐ ☐ ☐

○ **2**

a) 81 : 9 = ___
24 : 6 = ___
56 : 8 = ___
36 : 9 = ___

b) 9 : 3 = ___
24 : 4 = ___
63 : 7 = ___
27 : 9 = ___

c) 16 : 8 = ___
21 : 7 = ___
54 : 9 = ___
48 : 8 = ___

d) 72 : 8 = ___
20 : 4 = ___
49 : 7 = ___
18 : 3 = ___

e) 12 : 6 = ___
40 : 8 = ___
42 : 7 = ___
18 : 9 = ___

f) 70 : 7 = ___
0 : 4 = ___
14 : 7 = ___
54 : 6 = ___

☺ ☹ ☹
☐ ☐ ☐

○ **3**

a)

·	3	6	9
2			
1			
5			

b)

·	7	5	0
4			
2			
3			

☺ ☹ ☹
☐ ☐ ☐

Bereich für die Lehrkraft

		☺	☹	☹
1	Einmaleins mit 3, 4, 6, 7, 8 und 9 beherrschen	☐	☐	☐
2	Umkehrungen des Einmaleins mit 3, 4, 6, 7, 8 und 9 beherrschen	☐	☐	☐
3	Maltabellen lösen	☐	☐	☐

→ nach Schulbuch, Seite 87

Name: ______________________ Datum: __________

Einmaleins mit 3, 4, 6, 7, 8 und 9

Die Aufgaben waren für mich:

4 a)

9 · 6 = ___
8 · 6 = ___
7 · 6 = ___
___ · 6 = ___
___ · ___ = ___
___ · ___ = ___
___ · ___ = ___

b)

70 : 7 = ___
63 : 7 = ___
56 : 7 = ___
___ : 7 = ___
___ : ___ = ___
___ : ___ = ___
___ : ___ = ___

☺ ☐ 😐 ☐ ☹ ☐

5 Lea hat 7 Stifte. Luca hat 3-mal so viele Stifte wie Lea.
Wie viele Stifte haben sie zusammen?

L:

A:

☺ ☐ 😐 ☐ ☹ ☐

6 a)

Meine 2 Aufgabenpaare haben je eine Aufgabe aus der 8er- und der 9er-Reihe. Bei jedem Paar ist ein Ergebnis um 1 kleiner als das andere.

Die Paare heißen:
1. ______________
2. ______________

b)

Meine 2 Aufgabenpaare haben je eine Aufgabe aus der 7er- und der 9er-Reihe. Bei jedem Paar ist ein Ergebnis um 1 größer als das andere.

Die Paare heißen:
1. ______________
2. ______________

☺ ☐ 😐 ☐ ☹ ☐

Bereich für die Lehrkraft

4 Aufgabenrollen lösen und fortsetzen
5 Sachaufgabe lösen; Antwort formulieren
6 Zahlenrätsel lösen

→ nach Schulbuch, Seite 87

Name: ____________________ Datum: __________

Einmaleins-Training

Die Aufgaben waren für mich: ☺ 😐 ☹

○ **1** a) Löse durch Verdoppeln.

3 · 5 = ___ 3 · 10 = ___ 5 · 8 = ___

6 · 5 = ___ ___ · 10 = ___ ___ · 8 = ___

b) Löse durch Halbieren.

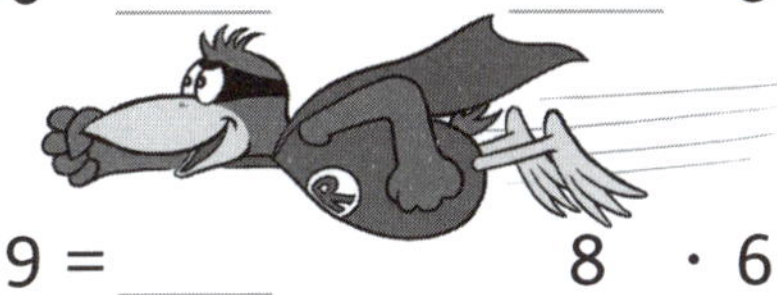

4 · 5 = ___ 10 · 9 = ___ 8 · 6 = ___

2 · 5 = ___ ___ · 9 = ___ ___ · 6 = ___

☺ 😐 ☹ ☐ ☐ ☐

○ **2** Löse mithilfe der Tauschaufgaben.

a) 8 · 3 = ___ b) 7 · 4 = ___ c) 9 · 6 = ___

___ · ___ = ___ ___ · ___ = ___ ___ · ___ = ___

d) 6 · 4 = ___ e) 9 · 2 = ___ f) 7 · 2 = ___

___ · ___ = ___ ___ · ___ = ___ ___ · ___ = ___

☺ 😐 ☹ ☐ ☐ ☐

○ **3** Nutze die Kernaufgaben.

9 · 4 =
10 · 4 =
1 · 4 =

7 · 6 =

3 · 7 =

☺ 😐 ☹ ☐ ☐ ☐

○ **4** Wie rechnest du hier?

8 · 4 =

9 · 6 =

4 · 3 =

☺ 😐 ☹ ☐ ☐ ☐

Bereich für die Lehrkraft ☺ 😐 ☹

1 Verdoppeln und Halbieren als Lösungshilfe nutzen ☐ ☐ ☐
2 Tauschaufgaben als Lösungshilfe nutzen ☐ ☐ ☐
3 Kernaufgaben als Lösungshilfe nutzen ☐ ☐ ☐
4 Kernaufgaben als Lösungshilfe nutzen ☐ ☐ ☐

→ nach Schulbuch, Seite 91

Name: ______________________ Datum: __________

Einmaleins-Training

Die Aufgaben waren für mich: ☺ 😐 ☹

5 Schreibe eine passende Aufgabenfamilie.

In meiner Aufgabenfamilie ist die 1. Zahl halb so groß wie die 2. Zahl und die 3. Zahl doppelt so groß wie die 2. Zahl.

☐ ☐ ☐

6 Finde drei verschiedene Malpyramiden.

a) 16

b) 16

c) 16

☐ ☐ ☐

7 a) Meine 4 Zahlen sind ungerade. Sie liegen zwischen 20 und 50 und sind die Nachfolger von Zahlen, die zur 8er-Reihe gehören.

Die Zahlen heißen: ______________________

b) Meine 3 Zahlen sind größer als 30 und kleiner als 60. Sie gehören zur 11er-Reihe.

Die Zahlen heißen: ______________________

☐ ☐ ☐

Bereich für die Lehrkraft

	☺	😐	☹
5 Passende Aufgabenfamilie finden	☐	☐	☐
6 Verschiedene Malpyramiden mit gleichem Deckstein finden	☐	☐	☐
7 Zahlenrätsel lösen	☐	☐	☐

→ nach Schulbuch, Seite 91

Name: ____________________ Datum: __________

Geteiltaufgaben mit Rest

Die Aufgaben waren für mich:

1 Teile auf: Immer 3 Kirschen in eine Schale.

___ : ___ = ___ R ___

Es werden ___ Schalen gebraucht. ___ Kirschen bleiben übrig.

2 Verteile: Auf jeden Teller gleich viele Nüssen.

___ : ___ = ___ R ___

Immer ___ Nüsse auf einen Teller. ___ Nüsse bleiben übrig.

3 Schreibe mit Rest.

a)	b)	c)
9 : 3 = 3	23 : 5 = ___	20 : 6 = ___
10 : 3 = 3 R 1	24 : 5 = ___	22 : 7 = ___
11 : 3 = ___	25 : 5 = ___	30 : 8 = ___
12 : 3 = ___	26 : 5 = ___	25 : 9 = ___
13 : 3 = ___	27 : 5 = ___	32 : 10 = ___

Bereich für die Lehrkraft

1 Geteiltaufgabe mit Rest durch Aufteilen lösen

2 Geteiltaufgabe mit Rest durch Verteilen lösen

3 Geteiltaufgaben mit Rest lösen

→ nach Schulbuch, Seite 93

19

Name:

Datum:

Geteiltaufgaben mit Rest

Die Aufgaben waren für mich:

4 Max hat 40 Sammelkarten. Er verteilt sie an 6 Kinder.
Wie viele Karten bekommt jedes Kind?
Wie viele Karten bleiben übrig?

L:

A:

5 Die Hühner von Bauer Schmidt haben gestern 24 Eier und heute 23 Eier gelegt. Immer 6 Eier kommen in eine Schachtel.
Wie viele Schachteln werden voll? Wie viele Eier bleiben übrig?

L:

A:

6 In ein Boot der Wildwasserbahn passen 5 Personen.
In der Warteschlange stehen 11 Erwachsene und 32 Kinder.
Wie viele Boote müssen fahren?

L:

A:

Bereich für die Lehrkraft

4 Sachaufgabe lösen; Antwort formulieren

5 Komplexe Sachaufgabe lösen; Antwort formulieren

6 Komplexe Sachaufgabe lösen; Antwort formulieren

→ nach Schulbuch, Seite 93

Name: ____________________ Datum: __________

Körper

Die Aufgaben waren für mich:

○ **1** Wie heißen die Körper? Verbinde.

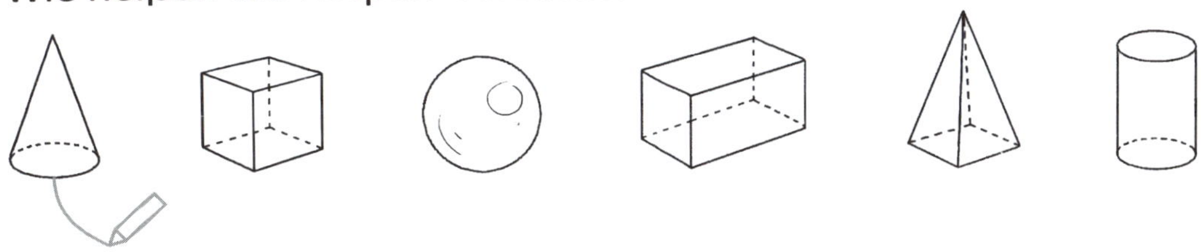

Quader	Kegel	Pyramide	Zylinder	Würfel	Kugel

☐ ☐ ☐

○ **2** Welche Körper haben …

keine Kante: ____________________

1 Kante: ____________________

2 Kanten: ____________________

8 Kanten: ____________________

12 Kanten: ____________________

keine gekrümmte Kante: ____________________

nur gekrümmte Kanten: ____________________

1 Seitenfläche: ____________________

2 Seitenflächen: ____________________

3 Seitenflächen: ____________________

5 Seitenflächen: ____________________

6 Seitenflächen: ____________________

keine gewölbte Seitenfläche: ____________________

nur gewölbte Seitenflächen: ____________________

☐ ☐ ☐

Bereich für die Lehrkraft

1	Geometrische Körperformen benennen	☐	☐	☐
2	Geometrische Körper nach ihren Eigenschaften sortieren	☐	☐	☐

→ nach Schulbuch, Seite 97

Name: ____________________ Datum: __________

Körper

Die Aufgaben waren für mich:

3 a) Ich habe eine kreisförmige Fläche und eine Spitze.

Der Körper heißt: ____________________

b) Ich habe 3 Flächen und 2 Kanten.

Der Körper heißt: ____________________

4 Zeichne die Ansichten.

rechts hinten links vorne

5 Wie viele Würfel sind es?
Schreibe jeweils zwei verschiedene Rechnungen.

a)

b)

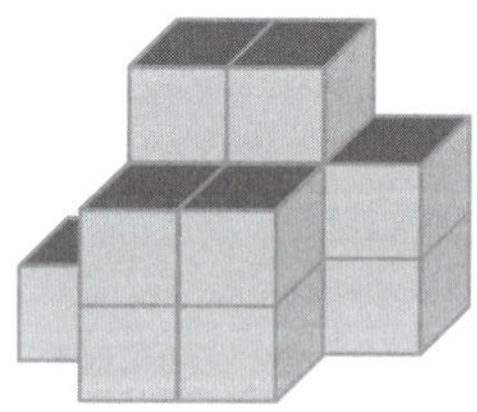

Bereich für die Lehrkraft

3 Körperrätsel lösen

4 Verschiedene Ansichten des Würfelgebäudes zeichnen

5 Anzahl der Würfel über 2 verschiedene Rechnungen bestimmen

→ nach Schulbuch, Seite 97

21

Name: ______________________ Datum: __________

Geld: Euro und Cent

Die Aufgaben waren für mich:

Paul

Anne

Josi

1 Wie viel Geld hat jedes Kind? Trage in die Tabelle ein.

							insgesamt
Paul	1						€ ct
Anne							€ ct
Josi							€ ct

das meiste Geld: __________ das wenigste Geld: __________

2 Wie viel Geld fehlt jedem Kind bis zum nächsten vollen Euro?

Paul: ____ € ____ ct + ____ ct = ____ €

Anne: ____ € ____ ct + ____ ct = ____ €

Josi: ____ € ____ ct + ____ ct = ____ €

3 Finde eine andere Möglichkeit, Pauls Geldbetrag zu legen.

							insgesamt
Paul							€ ct

Bereich für die Lehrkraft

1 Geldbeträge bestimmen und vergleichen

2 Bis zum nächsten vollen Euro ergänzen

3 Einen Geldbetrag legen

→ nach Schulbuch, Seite 101

Name:

Datum:

Geld: Euro und Cent

Die Aufgaben waren für mich

4 Lea hat 20 €. Sie kauft eine Federmappe und ein Heft.
Wie viel Geld bekommt sie zurück?

L:

A:

5 Der Rabe möchte 5 Ordner kaufen. Wie viel Geld kann er mit dem Angebot sparen?

Angebot:
5 Ordner
für 14 €

L:

A:

6 John hat 19 € dabei. Reicht sein Geld?

Angebot:
3 Hefte
für 2 €

Einkaufsliste:
2 Ordner
6 Hefte
1 Farbkasten

L:

A:

Bereich für die Lehrkraft

4 Sachaufgabe lösen; Antwort formulieren

5 Sachaufgabe lösen; Angebot überprüfen; Antwort formulieren

6 Komplexe Sachaufgabe lösen; Antwort formulieren

→ nach Schulbuch, Seite 101

Name: ____________________ Datum: __________

Plusaufgaben

Die Aufgaben waren für mich:

1 Wie rechnest du? Schreibe auf.

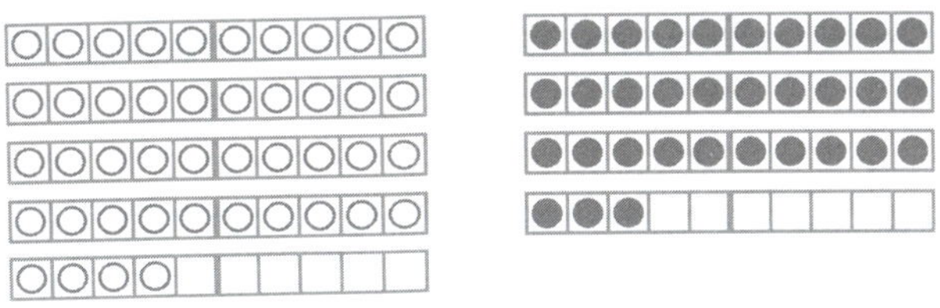

___ + ___ = ___

___ = ___

___ = ___

☺ 😐 ☹

2 a) 37 + 12 = ___
54 + 25 = ___
42 + 43 = ___

b) 59 + 31 = ___
65 + 14 = ___
43 + 36 = ___

c) 12 + 57 = ___
33 + 45 = ___
26 + 62 = ___

3 Wie rechnest du? Schreibe auf.

a)

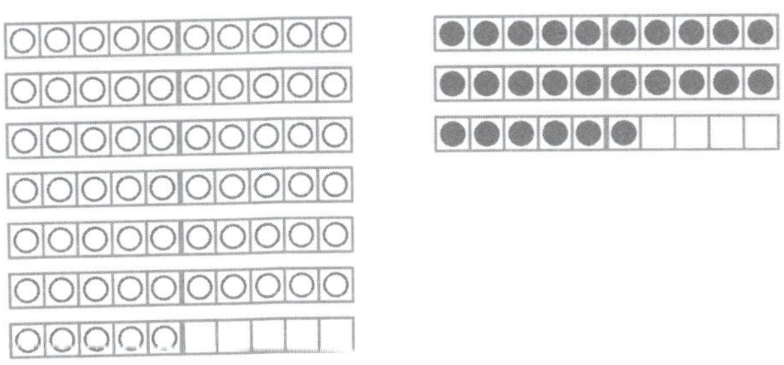

___ + ___ = ___

___ = ___

___ = ___

b)

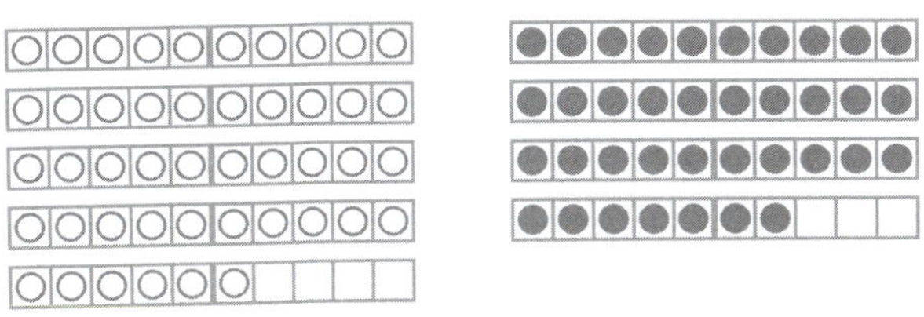

___ + ___ = ___

___ = ___

___ = ___

4 a) 25 + 17 = ___
57 + 36 = ___
49 + 23 = ___

b) 77 + 18 = ___
48 + 46 = ___
36 + 55 = ___

c) 24 + 57 = ___
43 + 38 = ___
62 + 29 = ___

Bereich für die Lehrkraft

1 Plusaufgabe ohne Zehnerübergang ablesen, notieren und lösen
2 Plusaufgaben ohne Zehnerübergang lösen
3 Plusaufgaben mit Zehnerübergang ablesen, notieren und lösen
4 Plusaufgaben mit Zehnerübergang lösen

→ nach Schulbuch, Seite 110

Name: ______________________ Datum: __________

Plusaufgaben

Die Aufgaben waren für mich

5 In jedem Rabomaten ist eine Zahl falsch gerechnet.
Streiche die falsche Zahl durch und schreibe richtig daneben.

a)

18 + 19	39
+ +	+
28 + 28	56
46 + 47	93

b)

27 + 38	65
+ +	+
13 + 15	28
40 + 53	91

6 Setze zu Zahlenmauern zusammen.

a) 55 43 16 39 4 98

b) 21 64 3 18 43 25

7 Viktoria hat 19 Fußballkarten. Samira hat doppelt so viele Karten wie Viktoria. Julian hat 39 Karten.

F: Wie viele Karten haben die Kinder zusammen?

L:

A:

Bereich für die Lehrkraft

5 Fehler in den Rabomaten finden und korrigieren

6 Zahlenmauern zusammensetzen

7 Komplexe Sachaufgabe lösen; Antwort formulieren

→ nach Schulbuch, Seite 110

23

Name: ____________ Datum: ____________

Minusaufgaben

Die Aufgaben waren für mich:

1 Wie rechnest du? Schreibe auf.

a) 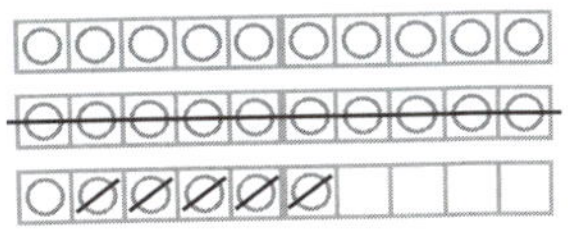

___ – ___ = ___

___ = ___

___ = ___

b) 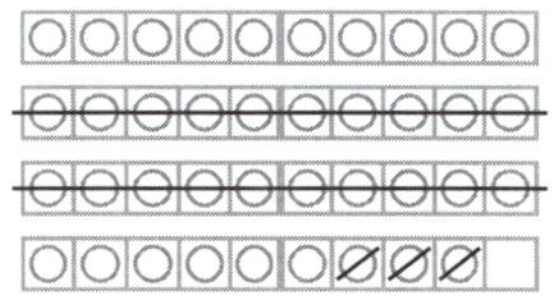

___ – ___ = ___

___ = ___

___ = ___

2

a) 43 – 21 = ___
66 – 32 = ___
55 – 43 = ___

b) 48 – 27 = ___
97 – 64 = ___
86 – 25 = ___

c) 59 – 35 = ___
68 – 46 = ___
57 – 25 = ___

3 Wie rechnest du? Schreibe auf.

a) 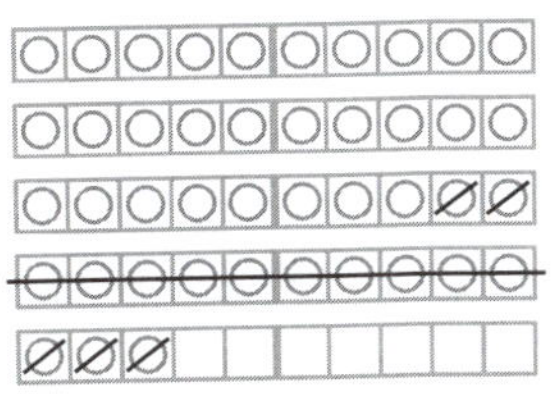

___ – ___ = ___

___ = ___

___ = ___

b) 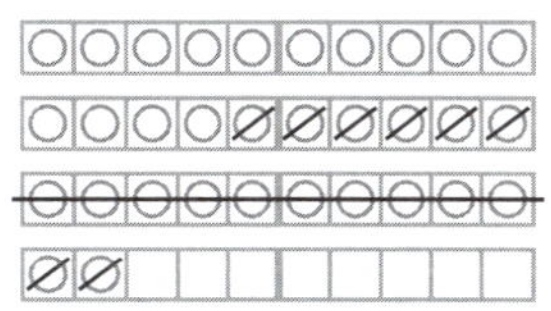

___ – ___ = ___

___ = ___

___ = ___

4

a) 64 – 36 = ___
46 – 29 = ___
55 – 48 = ___

b) 44 – 27 = ___
92 – 64 = ___
51 – 35 = ___

c) 62 – 17 = ___
45 – 28 = ___
73 – 37 = ___

Bereich für die Lehrkraft

1 Minusaufgaben ohne Zehnerübergang ablesen, notieren und lösen
2 Minusaufgaben ohne Zehnerübergang lösen
3 Minusaufgaben mit Zehnerübergang ablesen, notieren und lösen
4 Minusaufgaben mit Zehnerübergang lösen

→ nach Schulbuch, Seite 114

Name: ____________________ Datum: __________

Minusaufgaben

Die Aufgaben waren für mich

5 Löse die Rabomaten.

a)

46 +	59
+ + +	+
17 + 18	
+	

b)

38 +	54
+ + +	+
14 + 19	
+	

☺ 😐 ☹ ☐ ☐ ☐

6 Löse die Aufgabenrollen.

a)

94 − 16 = ____
84 − 18 = ____
74 − 20 = ____
____ − 22 = ____
− =
− =
− =

b)

66 − 19 = ____
62 + 19 = ____
58 − 19 = ____
54 + ____ = ____
=
=
=

☺ 😐 ☹ ☐ ☐ ☐

7 Julian hat 46 Tulpen im Garten gezählt. 13 Tulpen sind rot und 16 sind lila. Die restlichen Tulpen sind gelb.

F:

L:

A:

☺ 😐 ☹ ☐ ☐ ☐

Bereich für die Lehrkraft

		☺	😐	☹
5	Rabomaten lösen	☐	☐	☐
6	Aufgabenrollen lösen und fortsetzen	☐	☐	☐
7	Komplexe Sachaufgabe lösen; Frage und Antwort formulieren	☐	☐	☐

→ nach Schulbuch, Seite 114

24

Name: ____________________ Datum: __________

Zeitpunkt und Zeitspanne

Die Aufgaben waren für mich: 🙂 😐 🙁

1 a) 

_____ Uhr

_____ Uhr

b) 

_____ Uhr

_____ Uhr

c) 

_____ Uhr

_____ Uhr

☐ ☐ ☐

2 a) 

4.15 Uhr

_____ Uhr

b) 

_____ Uhr

13.30 Uhr

c) 

7.45 Uhr

_____ Uhr

☐ ☐ ☐

3 Wie lange ist Tom in der Schule? Berechne die Zeitspanne.

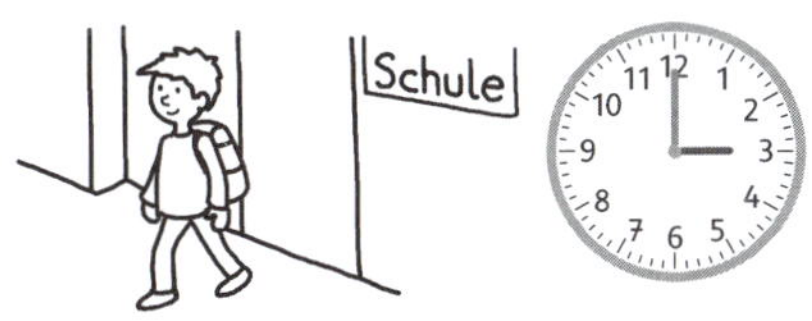

_____ Uhr ——— _____ h ———→ _____ Uhr

☐ ☐ ☐

4 a) 9.30 Uhr ——— _____ h ———→ 16.30 Uhr

b) 12.15 Uhr ——— _____ h ———→ 17.15 Uhr

c) 21.45 Uhr ——— _____ h ———→ 3.45 Uhr

☐ ☐ ☐

Bereich für die Lehrkraft

		🙂	😐	🙁
1	Uhrzeiten an analogen Uhren ablesen und notieren	☐	☐	☐
2	Uhrzeiten in analoge Uhren eintragen	☐	☐	☐
3	Zeitpunkte und Zeitspanne bestimmen und notieren	☐	☐	☐
4	Zeitspannen berechnen	☐	☐	☐

→ nach Schulbuch, Seite 121

Name: ______________________ Datum: __________

Zeitpunkt und Zeitspanne

Die Aufgaben waren für mich

5 Berechne die Zeitspanne.

a)  ____ min → 

b)  __ h ____ min → 

6 a) 8.15 Uhr —5 h 00 min→ ______ Uhr

b) 16.30 Uhr —2 h 30 min→ ______ Uhr

c) ______ Uhr —6 h→ 13.30 Uhr

d) ______ Uhr —4 h 15 min→ 19.45 Uhr

7 Der Rabe frühstückt um 7.30 Uhr. Bis 18 Uhr isst er aller 3 h 30 min eine Mahlzeit. Um 21 Uhr isst er danach zum letzten Mal. Wie viele Mahlzeiten isst der Rabe an einem Tag?

L:

A:

Bereich für die Lehrkraft

5 Zeitspannen berechnen

6 Uhrzeiten und Zeitspannen berechnen

7 Komplexe Sachaufgabe lösen; Antwort formulieren

→ nach Schulbuch, Seite 121